Teach Your Dog

MĀORI

This is such a fun little book that anyone, wanting to learn Māori, can pick up and start using immediately.

HĒMI KELLY

Now he disobeys me in two languages.

LUCY GANNON

Anne Cakebread not only has the best name in the Universe she has also come up with a brilliantly fun book which will help humans and canines learn new languages.

RICHARD HERRING

Teach Your Dog

MĀORI

Anne Cakebread

Thank you to:
Helen, Marcie, Frieda and Lily,
Toni Roberts, Reece Kohatu, Mihirangi,
Te Aurere, my family, friends and neighbours
in St Dogmaels and Y Lolfa for all their support
and encouragement.
"Ngā mihi" to Hēmi Kelly (Ngāti Maniapoto,
Ngāti Tahu, Ngāti Whāoa) at Tautika Ltd for the
Māori translations and pronunciations.

First impression 2019
Second impression 2021
© Anne Cakebread & Y Lolfa Cyf., 2018
Illustrations and design by Anne Cakebread
ISBN: 9781912631247
Published and printed in Wales on paper from well-maintained forests by Y Lolfa Cyf., Talybont, Ceredigion SY24 5HE
e-mail ylolfa@ylolfa.com
website www.ylolfa.com
tel 01970 832 304
fax 832 782

TRANSLATED BY
HĒMI KELLY

"Hello"

"Kia ora"

pron:
"Key-ah <u>o</u>r-rah"

'o'
as in
'<u>o</u>rphan'

"Come here"

"Haere mai"

pron:

"Hi-reh my"

'e'
as in
'empty'

"Don't!"

"Kaua!"

pron:
"Co-wah!"

"Do you want
a cuddle?"

"Kei te pīrangi awhi koe?"

pron:

"K teh pee-rah-ngee ah-fee qwe?"

'a'
as in
'amen

"Catch!"

"Hopukia!"

pron:
"Whor-p<u>oo</u>-key-ah!"

'u'
as in
'tr<u>u</u>e'

"Fetch!"

"Tīkina!"

pron:

"T<u>ea</u>-key-nah!"

'e'
as in
'<u>e</u>vening'

"Leave it!"

"Waiho!"

pron:
"Y-whor!"

"Sit!"

"E noho!"

pron:

"Eh nor-whor!"

"No!"

"Kāo!"

pron:

"C<u>oo</u>w!"

'ā'
elongate any
vowel with
a macron

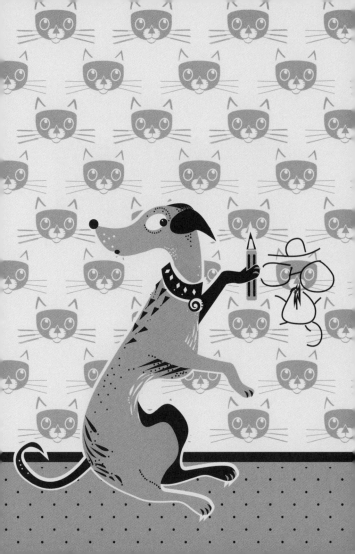

"Stay!"

"E noho!"

pron:
"Eh nor-whor!"

"Bathtime"

"Me horoi"

pron:
"Meh whor-roy"

'r'
is rolled
gently'

"Bedtime"

"Me moe"

pron:
"Meh moy"

"Lunchtime"

"Me kai"

pron:
"Meh kuy"

"Are you full?"

"Kua kī te puku?"

pron:
"Coo-ah key teh poo-coo?"

"All gone"

"Kua pau"

pron:
"Coo-ah poh"

"Good morning"

"Mōrena"

pron:
"Mor-reh-nah"

"Goodnight"

"Pōmārie"

pron:
"Por-mah-rhi-eh"

"Don't scratch"

"Kaua e rapi"

pron:
"Co-ah eh rah-pee"

"Let's go..."

"Me haere..."

pron:
"Meh hi-reh"

"Go down"

"E heke"

pron:
"Eh heh-keh"

"Up you go"

"E piki"

pron:
"Eh pikie"

"Go straight ahead"

"Haere tonu"

pron:
"Hi-reh toh-noo"

"Go left"

"Haere whakatemauī"

pron:

*"Hi-reh
<u>f</u>ucka-teh-mah-wee"*

'wh'
is pronounced
like the English
'f' sound

"Go right"

"Haere whakatematau"

pron:
"Hi-reh fucka-teh-mah-toe"

"Turn left"

"Huri whakatemauī"

pron:
"Who-rhi fucka-teh-mah-wee"

"Turn right"

"Huri whakatematau"

pron:

"Who-rhi fucka-teh-mah-toe"

"Get down!"

"E heke!"

pron:
"Eh heh-keh!"

"Do you want
to play?"

"Kei te pīrangi
tākaro koe?"

pron:

*"K teh pee-rah-<u>ng</u>ee
tah-kah-raw qwe?"*

'ng'
as it sounds
in the
English word
'singer'

"Lie down!"

"Takoto!"

pron:
"Tah-kah-toh!"

"Say 'please'!"

"Āta korero
mai!"

pron:
**"Ah-tah
cor-reh-raw my!"**

"Can I have...?"

"Māku tētahi...?"

pron:
"Mah-coo
teh-teh-he...?"

"Can I have the ball?"

"Māku te pōro?"

pron:

"Mah-coo teh paw-raw?"

"Can I have a cup of tea?"

"Māku tētahi kaputī?"

pron:

"Mah-coo teh-teh-he cah-poo-tee?"

"Can I have
a piece of cake?"

"Māku tētahi
wāhanga o
te keke?"

pron:

*"Mah-coo teh-teh-he
wah-huh-ngah
or teh keh-keh?"*

"Very clever"

"Tō koi hoki"

pron:
"Taw koy haw-key"

"It's warm"

"Kei te mahana"

pron:
"K teh mah-huh-nah"

"It's cold"

"Kei te makariri"

pron:
**"K teh
mah-car-rhi-rhi"**

"It's hot"

"Kei te wera"

pron:
"K teh wearah"

"It's raining"

"Kei te ua"

pron:
"K teh ew-ah"

"Are you happy?"

"Kei te harikoa koe?

pron:
"K teh huh-rhi-caw-ah qwe?"

"Who's snoring?"

"Nō wai te ihu ngongoro?

pron:

"Naw y teh e-who ngaw-ngaw-raw?

"Have you got enough room?"

"Kei te nui te wāhi ki a koe?"

pron:

"K teh nooey teh wah-he key ah qwe?"

"I won't be long"

"Kāore e roa"

pron:
"Car-aw-reh eh roar"

Be quiet!"

"**Turituri!**"

pron:
"To-rhi-to-rhi!"

"Who did that?"

"Nā wai tēnā
i mahi?"

pron:
"Nah y teh-nah
e mah-he?"

"There's a queue
for the toilet"

"He rārangi ki
te wharepaku"

pron:
*"Heh rah-rah-ngee
key teh
fah-reh-pah-koo"*

1 **"tahi"**
pron:
"tah-he"

2 **"rua"**
pron:
"roo-ah"

3

"toru"

pron:

"taw-roo"

"whā"

pron:

4

"fah"

5
"rima"
pron:
"ree-mah"

6
"ono"
pron:
"aw-noh"

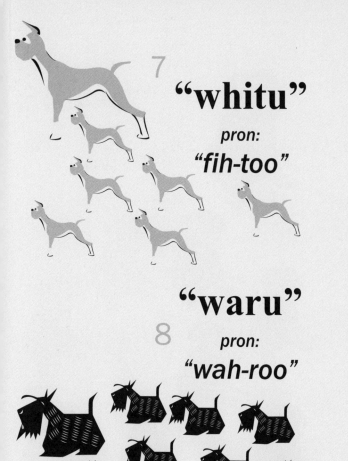

"**whitu**"

pron:
"*fih-too*"

"**waru**"

pron:
"*wah-roo*"

"iwa"

9

pron:

"E-wah"

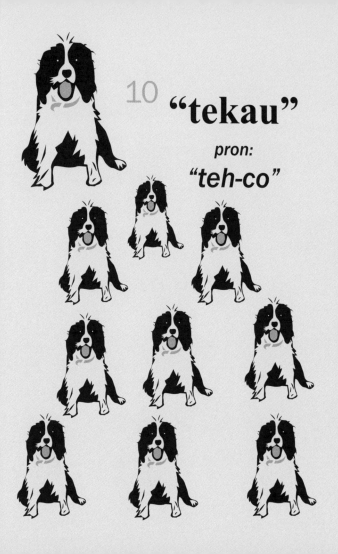

10 "tekau"

pron:
"teh-co"

"Thank you"

"Ngā mihi"

pron:
Ngah me-he"

"Merry Christmas"

"Meri Kirihimete"

pron:
*"Meh
rhi-kidi-he-meh-teh"*

"Congratulations"

"Ngā mihi nui"

pron:
"Ngah me-he nooey"

"Happy Birthday"

"Hari huritau"

pron:
"Huh-rhi who-rhi-toe"

"I love you"

"Ka nui te aroha"

pron:

"Ca nooey teh ah-raw-huh"

"Goodbye"

"Hei konā"

pron:
"Hey caw-nah"